O JOVEM MACHADO

bruna christine

URUTAU
abril de 2023

O —
editora Urutau

avenida peirao besada, 6 – 2D
36163 poio-pontevedra
(espanha)

rua cajus, 478
jardim das cerejeiras, cotia — sp
brasil
06724-015

[+55] 11 94859 2426 [brasil]
[+34] 644 951 354 [galiza]

www.editoraurutau.com.br
contato@editoraurutau.com.br

[EDITOR]
tiago fabris rendelli e wladimir vaz
[REVISÃO]
marcella sarubi
[COORDENAÇÃO DE REVISÃO]
debora ribeiro rendelli
[DIAGRAMAÇÃO]
victor h. azevedo

dados internacionais de catalogação na publicação (CIP) de acordo com ISBD

C555j christine, bruna
o jovem machado / bruna christine. - cotia : editora urutau, 2023. 68 p. ;
12,5cm x 16cm.

ISBN: 978-65-5900-478-2

1. literatura brasileira. 2. teatro. 3. dramaturgia brasileira. I. título.

2023-745 CDD 792.0981
CDU 792(81)

elaborado por odilio hilario moreira junior - CRB-8/9949

sumário

PERSONAGENS

HERANÇA

MAPA

GUERREIRO

Uma mulher, de idade madura e com vigor, entra. O cenário é o próprio teatro. Ainda preciso dizer que esta mulher é preta.

HERANÇA

Eu acho que as crianças me odeiam.

Herança faz um sinal para que acendam as luzes da plateia.

Se você não quiser sentir incomodada sua zona de conforto, não venha ao teatro. Por isso eu vim. Decidi sair da minha casa para conversar, já que é a primeira vez que falo de mim sem intermédios.

A maioria dos jovens preferem outras coisas, os adultos dizem que eu faço bem, mas, quando estavam nas carteiras, era fácil ver se afastarem de mim. E também tem os teóricos, as pessoas acadêmicas. Confesso que eles fazem muito bom uso de minha pessoa, mas... Gostaria de outras coisas. Já fui taxada de tudo, menos do povo. Todavia, eu sou o povo. Pertenço à classe do tombado, do domínio público e já era tempo das pessoas ouvirem essa minha outra parte. Que já achei feia.

Por favor, não afastem suas crianças de mim.

Eu só ficava em casa, cuidando dos meus afazeres, lia tudo o que falavam e esperava os aniversários de nascimento e falecimento, nesses momentos, me sentia perto do novo.

Gosto de ser eterna, mas, por vezes, quero ser fluída, imagem de vinte e quatro horas, vídeo curto ou uma *mímeses*, quer dizer um meme. Mas muitas coisas não convêm a quem se tornou autoridade sobre mim.

Foi por isso que decidi sair da minha casa, dada pela minha autoridade. Pois lá eu não ouço nem choro, nem grito, risada ou manha.

Ninguém tão novo me invoca, ninguém invoca Joaquim.

Não digo isso a pedido dele, estou falando por mim, mas isto será por nós. Estamos juntos, mas depois de criada eu sou uma indivíduo e de mim surgem as teorias, os filmes, as biografias, a teoria que vence e a que nasce para rebater. Eu implico a inspiração, mas também preciso ser inspirada.

Por isso saio da casa que me deram, linda, por sinal, e vou descobrir releituras sobre mim. Visitar o lar de quem não tranca a porta, aprender alguma coisa e seguir.

Não falarei de Rubião, Cubas ou nenhum outro paradidático que vocês foram obrigados a ler na escola. Nem estou aqui para dar aulas e já adianto que não há respostas para a pergunta de se Capitu traiu ou não Bentinho. O livro não é sobre isso.

Nada mostra tanto a fragilidade do que uma herança...

Eu sou a Herança de Joaquim.

A Herança de Machado de Assis.

Todas as luzes do teatro se apagam.

Seu nome: Joaquim Maria Machado de Assis.

Sua essência: O Mago Teatral.

Música começa e as luzes vão retornando conforme o canto cresce. Guerreiro e Mapa entram cantando juntos a música:

"Este é um útero novo

livrai de uma ideia fixa."

GUERREIRO
É tempo de aproximar!

MAPA
Vamos tentar!

HERANÇA
E finalmente agradar as crianças!

GUERREIRO
Viemos para contribuir com a nova fase de Herança e compartilhar o que é o Mago Teatral.

MAPA
Meu nome é Mapa.

GUERREIRO
E o meu é Guerreiro.

HERANÇA
Eles são agulha e linha para essa nova narrativa.

MAPA
E tudo começa com uma frase.

TODOS
O Teatro de Machado de Assis não é teatro.

GUERREIRO
Machado de Assis tem peça?

MAPA
Joaquim escreveu peça?

HERANÇA
E aí começa a minha vergonha. Alguns homens disseram que essa parte minha era feia, e a história toda confirmou.

MAPA
Se tá escrito é porque é.

GUERREIRO
Teatro não é só o que tá no papel.

HERANÇA

Mas só depois de um tempo que percebi que o problema não era o teatro, mas quem era Machado de Assis quando ainda escrevia teatro.

GUERREIRO

Um jovem. Tentando.

MAPA

O menino Joaquim.

HERANÇA

É importante que vocês saibam a diferença entre duas palavras. Porque hoje vamos desmitificar o gênio da literatura e desmistificar o teatro dele.

MAPA

Desmitificar e Desmistificar. Na grafia a diferença é um “S” depois da sílaba “MI”.

GUERREIRO
A palavra desmitificar tem o sentido de desfazer o mito. Quando pensamos em mito, costumamos ir para a não realidade, mas também podemos pensar numa imagem irretocável ou exagerada sobre alguém ou um fato.

HERANÇA
Todo mito parece inquestionável, intocável e...

TODOS
Branco.

HERANÇA
E, foi aí que eu cheguei à conclusão que as crianças não gostavam de mim.

MAPA
Des-mis-ti-fi-car é uma palavra que tem como objetivo desfazer um equívoco ou um erro.

TODOS
O Teatro de Machado de Assis não é teatro.

HERANÇA
Esse é o erro. O Teatro dele é teatro e sua genialidade não é mito, é real, feita do esforço do jovem.

GUERREIRO
Muito esforço para um menino preto no século XIX.

MAPA
O primeiro na família em muitas coisas.

HERANÇA
Se a sua essência como Mago Teatral é um problema, então fizeram dele outra coisa. Por isso me agarro ao que veio antes. Ao primeiro nome.

MAPA e GUERREIRO *(quase sussurrando)*
Joaquim.

HERANÇA
Se a primeira palavra de uma criança marca, por que apagar da história a primeira tentativa de Joaquim?

A cena é interrompida com um vídeo ou áudio que contém as respostas de pessoas que são questionadas na rua pelas seguintes perguntas:

Você conhece Machado de Assis?
O que ele escreve?
Você sabia que ele escrevia peças de teatro?
Você sabia que ele era preto?

Intercalar respostas, entrevistar pessoas de todas as idades, dar preferência para jovens do ensino médio.

GUERREIRO
Hoje vamos apresentar a gêneses. Conheceremos o Mago Teatral.

MAPA
O Mago Teatral é o oposto do Bruxo do Cosme Velho, termo que alguns usam para se referir à imagem cânone de Machado de Assis.

HERANÇA
Machado morou muito tempo no Cosme Velho, Rio de Janeiro. Os seus últimos dias de vida foram lá. Mas quando jovem, morou no Morro do Livramento, na Zona Portuária da cidade.

GUERREIRO
O que é cânone?

HERANÇA
Não importa.

MAPA
É a referência, o exemplar, o mito.

GUERREIRO
É, não importa.

MAPA
Na escola só nos dão os cânones para estudar, aí a gente acaba não levando muita coisa da sala de aula pra vida.

HERANÇA
E eu quero estar no cotidiano. Então, decidi sair da minha casa, não para falar do velho senhor, mas do jovem. Não da confusão que o tornou branco, e sim do preto. Ir além dos seus romances e contos, começando pelo seu Teatro.

MAPA
O primeiro da família em muitas coisas, jovem, preto e que escrevia teatro.

HERANÇA
Foi aí que cheguei no Mago Teatral.

TODOS
O primeiro da família em muitas coisas, jovem, preto e que escrevia teatro.

MAPA
Vocês gostam de tarô?

HERANÇA
Joaquim gostava, inclusive, ele se consultava com uma taróloga.

GUERREIRO
Durante toda a sua vida, ele foi a ela três vezes.

HERANÇA
E ainda assim ele a considerava como sua taróloga de confiança.

MAPA
A ela, ele deve o conto *A cartomante*. Um belo trabalho, mas que deixou sua taróloga enfurecida.

GUERREIRO
Assim que ela leu o conto, logo escreveu para Joaquim dizendo:

MAPA
"Já me assaltaram aos ouvidos muitas injúrias sobre minha prática, mas nada parecido com um conto, que mesmo trazendo as semelhanças dos meus afazeres, mente num resultado despropósito e peca ao ser escrito pela mão que um dia já procurou tais práticas."

HERANÇA
Só vai entender essa carta quem leu o conto.

GUERREIRO
Resumindo, a cartomante que o Joaquim criou no conto faz uma leitura de cartas que não ajuda em nada os personagens principais, aí na história ela fica parecendo uma charlatã. A Taróloga de Joaquim leu e se sentiu ofendida... Natural.

HERANÇA
Joaquim ri ao ler a carta e, no dia seguinte, vai até a casa dela, realizando o segundo encontro dos três que tiveram.

GUERREIRO
"Há mais cousas entre o céu e a terra do que sonha nossa vã filosofia."

MAPA
O tarô é um oráculo de setenta e oito cartas. Vinte e duas delas são o que chamamos de arcanos maiores e o restante de arcanos menores.

HERANÇA
Arcano significa segredo e cada um dos vinte e dois arcanos maiores é um pedaço de uma trajetória com começo, meio e fim.

MAPA
O primeiro arcano maior se chama O MAGO.

GUERREIRO
E para o Mago chegar até a vigésima segunda carta isso exige dele muita iniciativa, criatividade e esforço para escrever seu nome no mundo.

MAPA
O Mago no tarô representa o jovem, o impetuoso, o primeiro e por isso pensamos que Joaquim, antes de ser um velho bruxo, é um mago.

HERANÇA
e o Mago Teatral, quando jovem criança, se divertia.

HERANÇA puxa a brincadeira e todos os outros entram, cantando juntos.

"Escravos de Jó jogavam caxangá

Tira, bota, deixa o Zé pereira ficar.
Guerreiros com guerreiros fazem zigue zigue za
Guerreiros com guerreiros fazem zigue zigue za
Escravos de Jó jogavam caxangá
Tira, bota, deixa o Zé pereira ficar.
Guerreiros com guerreiros fazem zigue zigue za
Guerreiros com guerreiros fazem zigue zigue za
Guerreiros com guerreiros fazem zigue zigue za
Guerreiros com guerreiros fazem zigue zigue za
Guerreiros com guerreiros fazem zigue zigue za
Guerreiros com guerreiros fazem zigue zigue za
Guerreiros com guerreiros fazem zigue zigue za
Guerreiros com guerreiros fazem zigue zigue za"

GUERREIRO
Eu sou um arquétipo masculino.

MAPA
Explique arquétipo.

GUERREIRO

Para este momento, basta dizer que é como se fosse um modelo, um paradigma. Eu sou o arquétipo do guerreiro, que pode ser vivenciado por qualquer pessoa, independentemente do gênero... O que vocês pensam quando alguém diz que uma mulher ou um homem é um guerreiro?

HERANÇA

Alguém de poucas palavras e muita ação.

MAPA:

Que não sucumbe.

HERANÇA

Numa mãe solo.

MAPA

Numa pessoa que nunca pega o contrafluxo do trem.

GUERREIRO

Francisco e Maria são os pais de Joaquim. Eles viviam como agregados numa chácara localizada no Morro do Livramento.

HERANÇA
Quem sobe e desce o morro precisa de estratégias.

GUERREIRO
E por isso ele fez uso de mim durante a sua juventude.

MAPA
O Guerreiro de Joaquim não era simplesmente combativo.

GUERREIRO
Ele era articulador, capoeirista nas palavras.

HERANÇA
É bom saber fazer uso dos arquétipos. Um guerreiro sem sua estratégia não vence, só luta.

MAPA
E, no meio do caminho, o nosso Mago Teatral encontrou um guerreiro aliado, um Eremita, um velho sábio.

HERANÇA

Um homem que assim como Joaquim foi o primeiro de sua família em muitas coisas. O Senhor Paula Brito.

Mudança de atmosfera. Começa um programa de notícias.

MAPA

E vai começar mais um quadro "CEEEERTEZAAA QUE VOCÊ NÃO SABIA!".

GUERREIRO

E se sabia, vai ouvir de novo.

HERANÇA

Hoje vamos falar de Paula Brito. Esse senhor que conheceu Machado de Assis, o nosso Joaquim, o nosso Mago Teatral, quando ele ainda tinha dezesseis anos.

GUERREIRO

Paula Brito era um homem preto, primeiro editor brasileiro, peça fundamental nos primórdios da imprensa nesta terra e dono de uma livraria, onde funcionava aos fundos a....

TODOS
Sociedade Petalógica.

MAPA
Petalógica. Essa sociedade tinha o objetivo de realizar o estudo da peta, ou seja, o estudo da mentira. O famoso "kaô".

HERANÇA
Kaozada, lorota, miguê.

GUERREIRO
aquele miguezinho...

MAPA
Nessa sociedade, tínhamos artistas, políticos, intelectuais, membros da elite carioca. E o lema desse grupo era "contrariar os mentirosos, mentindo-lhes".

HERANÇA
A atividade era desmoralizar aqueles que repassassem as mentiras que ouviam sem ao menos verificar a fonte.

GUERREIRO
Eu vejo isso como uma espécie de jogo. Membros da Sociedade Petalógica inventavam mentiras pra ninguém acreditar, mas, ainda assim, espalhavam o boato.

MAPA
Eu sei que vocês estão esperando eu falar de *FAKE NEWS*!

HERANÇA
Com certeza a Sociedade Petalógica podia ser considerada como um lugar que gostava de zombar daqueles que espalhavam *fake news*. No caso, mentiras que eles mesmo inventavam.

GUERREIRO
Mas este também era grupo de prestígio e na minha sincera opinião, Paula Brito criou esta sociedade estrategicamente, pois, no fundo, ele queria um lugar onde se pudesse criar relações.

MAPA
O famoso *networking*.

HERANÇA
E nesse *networking*, ele abre um espaço aqui, outro acolá e insere Joaquim num lugar onde ele dá os primeiros passos para ascender a partir do seu intelecto.

GUERREIRO
E também dos contatos que ele iria criar ali.

HERANÇA
Paula Brito foi também o primeiro editor de Machado de Assis, mas ninguém lê a história como o encontro do preto velho que ajuda o preto novo.

GUERREIRO
Quem puxou Joaquim foi, na verdade, o guerreiro de Paula Brito. Um homem preto.

MAPA
Se você não ler a história direito, fica para atrás. Sempre tem alguém por aí espalhando lorotas, mas, se você der sorte, pode ser o caçador ao invés da caça. Talvez você já seja a caça (*risos nervosos*). Se prestar bem atenção, vai entender que nesta peça apenas estamos querendo te dizer que

o que incomoda os teóricos sobre Machado de Assis é o enxergar como um símbolo periférico. Um menino pobre, preto, que morou no morro e que, quando era jovem, fazia poesia e escrevia muuuito teatro. Sim, era isso o que fazia no começo de carreira, era isso o que ele era. Por isso o dignificamos como o nosso Mago Teatral. Fiquem com Deus e não esqueçam.

TODOS
O BRASIL NÃO É PARA ARTISTAS.

Fim do programa de notícias.

MAPA
E o teatro, Herança?

HERANÇA
Bom, foi pra isso que trouxe todos aqui. Tudo ligado ao Teatro de Joaquim é um meio de o aproximar das pessoas e das crianças.

MAPA
Você é o caminho da intimidade, Herança. Você pode contar coisas nunca ouvidas antes sobre Joaquim.

HERANÇA
Nesse caso, você também!

MAPA
Sim, mas eu posso ficar pra depois. Você é uma intimidade mais palpável, que traz frescor, curiosidade… Joaquim já teve um porre, por exemplo?

GUERREIRO *começa a rir.*

HERANÇA
Isso as pessoas não precisam saber.

GUERREIRO
Claro que já teve! Eu estava na ativa esse momento. Foi o único da vida dele. Foi aguardente! Porre de cachaça! Ficou lascado e teve que pular o muro porque perdeu as chaves de casa.

MAPA
Isso é muito interessante.

HERANÇA
É fofoca.

MAPA
Fofoca é muito bom!

GUERREIRO
Eu topo fofocar sobre o Mago Teatral.

HERANÇA
Eu não sei.

MAPA
Vamos lá, Herança, responda se souber.

GUERREIRO
Ele tinha alguma mania?

HERANÇA
Ao longo da vida ele teve algumas, mas durante a juventude era engraxar seus sapatos. Andava até com um paninho no bolso pra não deixar chegar sujeira nenhuma.

MAPA
Vaidoso, não?

HERANÇA
Eu diria cuidadoso, naquela época muita gente não tinha o que calçar. Pelo sapato você sabe de onde a pessoa vem e o que ela quer.

MAPA
Ele namorou alguém antes da sua esposa Carolina?

HERANÇA
Não foi bem namorar, eram trocas de olhar, conversas. Isso ele teve com outras antes de Carolina, mas ele era tão tímido pra certas coisas que as moças acabavam se aborrecendo.

MAPA
Cadê o Guerreiro nessa hora pra trazer iniciativa, coragem?

GUERREIRO
Ele não fazia questão de usar o meu arquétipo para conquistar corações, não.

HERANÇA
Tanto que foi a Carolina que se declarou primeiro.

GUERREIRO e MAPA
Mentira...

HERANÇA
Sim, ela tinha colhão. Óbvio que naquela época caia mal pra uma moça chegar chegando. Mas, tudo o que ela podia fazer pra deixar claro que tinha interesse nele, ela fazia. Desconcertava o garoto legal. Depois que ele casaram, Joaquim teve Carolina como esposa e melhor amiga até o último dia.

GUERREIRO e MAPA
Ownnnnnn!

GUERREIRO
Adorável!

MAPA
Gostei dela.

HERANÇA
Mas a família dela foi um pouco resistente ao casamento. Já que Machado era da cor, né? E Carolina, branca.

GUERREIRO e MAPA
Iiiiii...

GUERREIRO
A Guerra de Pé de Moleque foi na casa de Carolina, não foi?

HERANÇA
Nossa, essa história.

MAPA
Que fofoca é essa, gente?

GUERREIRO
Fofoca pesada, só sei rumores.

HERANÇA
Joaquim gostava de cozinhar, vocês sabem.

GUERREIRO
Sim!

MAPA
Ele era bom em fazer doces.

HERANÇA
Pé de moleque! Ele fazia muito bem! E teve a ideia de levar uma travessa para os pais de Carolina no dia que os encontrou pela primeira vez.

MAPA
Gentil.

GUERREIRO
Eu não teria levado um doce, teria levado charutos, uma garrafa de uísque.

HERANÇA
Mas, por algum motivo, ele pensou no pé de moleque. O problema é que se começou uma discussão por conta da origem do doce. O pai de Carolina disse que preferia os doces vindos da Europa.

MAPA
E quais sãos os doces da Europa?

HERANÇA
Eu sei lá, nem ele sabia.

GUERREIRO
Ele quis provocar, porque, naquela época, quem fazia e vendia pé de moleque eram as quitandeiras.

HERANÇA
Foi uma forma indireta de dizer que não gostava dele e da cultura que permeava a sua pele.

MAPA
Um clássico.

GUERREIRO
Uma guerra fria.

HERANÇA
Joaquim podia ser tímido, mas, alguns desaforos, não levava pra casa. O pai de Carolina e ele, por conta do pé de moleque, entraram numa discussão que levou a assuntos como política, economia, arte e sociedade. Joaquim defendia que o doce era algo que fazia parte da formação da culinária nacional e o seu sogro, pai de Carolina, dizia que era uma inspiração malsucedida da pasta de amendoim inglesa.

GUERREIRO
O pai de Carolina já estava um pouco irritado e, de propósito, jogou a travessa de pé de moleque no chão.

MAPA: Apelou, apelou!

GUERREIRO
Joaquim se levantou e deu um golpe no velho.

HERANÇA
Não! (*para guerreiro*). Era o que você gostaria, mas ele não fez isso.

GUERREIRO
Que desfeita. Devia ter feito.

HERANÇA
Joaquim, ao ver a travessa esparramada pelo chão, disse: "Educação vem de casa!".

Todos vibram com a resposta.

GUERREIRO
Quer algo mais atrevido que isso?

MAPA
Educação vem de casa!

HERANÇA
Joaquim que inventou essa frase!

GUERREIRO
O velho ficou sem doce europeu e sem pé de moleque.

MAPA
Isso é melhor que a coluna do Léo Dias.

HERANÇA
Precisamos focar no teatro. Saí de casa para isso.

MAPA *(ainda no sentimento de fazer perguntas)*
Mas e o sonho de Joaquim, o que ele queria?

GUERREIRO
Todas as estratégias foram por ela. O sonho era ela.

MAPA
Não fazia ideia que era tão profundo o amor por Carolina.

HERANÇA
Um encontro raro, porém o sonho dele sou eu.

GUERREIRO *(se referindo a Herança)*
Ela!

MAPA

E agora que você decidiu sair de sua casa, o que você é?

HERANÇA

Quando Joaquim queria fugir de sua realidade, ele lia. Clássicos e mais clássicos da Literatura Mundial, Universal. Mas ele também entendia que aquelas histórias nada tinham a ver com a sua realidade. Podiam ser boas histórias, mas faltava personagens como ele e cenários como do Brasil. Todo o esforço de apreciar uma arte que você se reconhece é o que sou. Sou um sonho de um menino que queria ler nos livros seus avós, pai e mãe. Toda a sua história.

GUERREIRO

Isso é a Herança.

A atmosfera muda. Os atores passam a falar com a plateia.

MAPA

No três, você aí que está nos assistindo, eu quero que cada um diga, o nome de uma peça qualquer que foi escrita por

Joaquim, mais conhecido como Machado de Assis. No três hein. Um, dois, três...

HERANÇA e GUERREIRO
Quase ministro!

MAPA
Essa é boa! Mais alguém? Vamos! Um nome de qualquer peça.

GUERREIRO
Bora de *Quase ministro*.

MAPA
Em novembro de 1862, alguns amigos se reuniam na Rua da Quitanda para expor suas poesias e escritos de todos os gêneros. Lá estava Machado com a sua peça, *Quase ministro,* que recebeu uma leitura dramatizada amadora e surpreendente de seus amigos.

HERANÇA
A peça é sobre o deputado Luciano Martins, que é nomeado para assumir uma pasta do ministério. Antes mesmo

de assumir o cargo, ele recebe em sua casa inúmeros bajuladores. Todos querendo pedir algum favor para benefício próprio.

GUERREIRO

Tem outras peças mais leves, certamente. *Não consultes médico*, *O protocolo*, *Forças caudinas*.

MAPA

Não é forças, é FORCAS. Todo mundo erra essa.

HERANÇA

Ninguém conhece essa.

GUERREIRO

Ninguém conhece nenhuma.

HERANÇA

Quase ministro. Essa tem tudo a ver com o cenário atual.

MAPA

Até quando?

HERANÇA
Cena onze.

GUERREIRO
Cena onze é boa!

O trecho a seguir é parte de uma peça escrita por Machado de Assis. Esta dramaturgia propõe que outras peças do autor podem ser usadas neste momento da peça, realizando os devidos ajustes para a coerência do texto e, se possível, possibilitar que os três personagens da narrativa estejam em cena.

HERANÇA
"Entram Agapito e Muller na casa do Deputado Luciano Martins, quem os recebe é o seu primo Silveira, que tem ajudado o Deputado a se defender dos bajuladores.

SILVEIRA
Oh!, entra, Agapito!

AGAPITO
Como estás?

SILVEIRA
Trazes parabéns?

AGAPITO
E pedidos.

SILVEIRA
O que é?

AGAPITO
Apresento-lhe o Sr. Müller, cidadão hanoveriano.

SILVEIRA *(a Müller)*
Queira sentar-se.

AGAPITO
O Sr. Müller chegou há quatro meses da Europa e deseja contratar o teatro lírico.

SILVEIRA
Ah!

MÜLLER
Tenho debalde perseguido os ministros, nenhum me tem atendido. Entretanto, o que eu proponho é um verdadeiro negócio da China.

AGAPITO *(a Müller)*
Olhe que não é ao ministro que está falando, é ao primo dele.

MÜLLER
Não faz mal. Veja se não é negócio da China. Proponho fazer cantar os melhores artistas da época. Os senhores vão ouvir coisas nunca ouvidas. Verão o que é um teatro lírico.

SILVEIRA
Bem, não duvido.

AGAPITO
Somente, o Sr. Müller pede uma subvenção.

SILVEIRA

É justo. Quanto?

MÜLLER

Um milhão de réis.

SILVEIRA

Eu acho a subvenção muito avultada.

MÜLLER

E se eu lhe provar que não é?

SILVEIRA

É possível, em relação ao esplendor dos espetáculos; mas nas circunstâncias do país...

AGAPITO

Não há circunstâncias que procedam contra a música... Deve ser aceita a proposta do Sr. Müller.

MÜLLER

Sem dúvida.

AGAPITO

Há uma porção de razões para demonstrar a necessidade de um teatro lírico. Se o país é feliz, é bom que ouça cantar, porque a música confirma as comoções da felicidade. Se o país é infeliz, é também bom que ouça cantar, porque a música adoça as dores. Se o país é dócil, é bom que ouça música, porque a música adormece os furores, e produz a brandura. Em todos os casos, a música é útil. Deve ser até um meio de governo.

SILVEIRA

Não contesto nenhuma dessas razões; mas meu primo, se for efetivamente ministro, não aceitará semelhante proposta.

AGAPITO

Deve aceitar; mais ainda, se és meu amigo, deves interceder pelo Sr. Müller.

SILVEIRA

Por quê?

AGAPITO *(baixo a Silveira)*

Filho, eu namoro a principal. A prima-dona! (*alto*). Se me perguntarem quem é a prima-dona, não saberei responder; é um anjo e um diabo; é a mulher que resume as duas naturezas, mas a mulher perfeita, completa, única. Que olhos! Que porte! Que *donaire*! Que pé! Que voz!

SILVEIRA

Também a voz?

AGAPITO

Nela não há primeiros ou últimos merecimentos. Tudo é igual; tem tanta formosura, quanta graça, quanto talento! Se a visses! Se a ouvisses!

MÜLLER

E as dançarinas, hein? (*se recompondo*). Pois, senhor, eu acho que o governo deve aceitar com ambas as mãos a minha proposta.

AGAPITO *(baixo a Silveira)*

E depois, eu acho que tenho direito a este obséquio; votei com vocês nas eleições.

SILVEIRA
Mas…

AGAPITO
Não mates o meu amor ainda nascente.

SILVEIRA
Enfim, o Deputado resolverá."

Quebra da atmosfera anterior.

HERANÇA
E não resolve nada, pois no final outra pessoa acaba sendo nomeada para assumir a pasta no ministério.

MAPA
Estragaste o final.

GUERREIRO
Nem tanto. O nome da peça já diz *Quase ministro*. O final tá aí.

HERANÇA
Lembrei de uma outra história com pé de moleque.

Mapa e Guerreiro recebem a informação com animação.

HERANÇA
No dia em que Joaquim estava indo apresentar a peça *Quase ministro* no sarau da Rua da Quitanda, ele ouviu as vozes de alguns meninos, no meio de sua caminhada.

Pé de moleque nem doce sempre é.

HERANÇA
Ele acabou indo em direção à canção e enxergou garotos, assim como ele, usando os seus pés para fazer o calçamento de uma rua. Foi aí que ele entendeu o nome do doce. Pé de moleque era como chamavam o tipo de calçamento no Rio antigo, feito com pedras irregulares que eram colocadas por meninos que foram submetidos à escravidão.

Pausa.

Eu espero conseguir abraçar as crianças um dia.

MAPA
O que falta é todos saberem que Joaquim também foi uma.

GUERREIRO
Tem criança que não soube da infância.

HERANÇA
Mas são crianças ainda assim.

Silêncio.

MAPA
Eu sei que, quando jovem, Joaquim guardava muita raiva. Esse sentimento reprimido mais a sua insegurança faziam também com que ele gaguejasse. Ele era gago e guardava muita raiva. Vocês devem imaginar por quê.

Pausa.

Essa raiva está escrita em seu mapa.

GUERREIRO
Vocês gostam de tarô?

HERANÇA
Joaquim gostava, inclusive ele se consultava com uma taróloga.

GUERREIRO
Durante toda a sua vida, ele foi a ela três vezes.

HERANÇA
Era sua taróloga de confiança.

MAPA
Eu sou, basicamente, o primeiro encontro dos três que Joaquim teve com sua taróloga. E quem os apresentou foi Paula Brito.

HERANÇA
Ele mesmo!

GUERREIRO
O preto velho que puxa o preto novo.

MAPA
Muitas perguntas Joaquim fez ao tarô nesse dia, mas eu sou algo que ele recebeu dessa mulher que jogava as cartas.

HERANÇA
Um mapa.

MAPA
Eu sou o Mapa.

GUERREIRO
O tarô é um oráculo de setenta e oito cartas. Vinte e duas delas são o que chamamos de arcanos maiores e o restante de arcanos menores.

MAPA
Sou um mapa feito só com os arcanos maiores do tarô. É muito comum as pessoas falarem de mapa astral, mas existe um outro que você pode fazer usando o seu nome completo e sua data de nascimento.

HERANÇA
Seu nome por inteiro, meu jovem.

GUERREIRO
Joaquim Maria Machado de Assis.

HERANÇA
E quando nasceste?

MAPA E GUERREIRO
21 de junho do ano de 1839

MAPA
E a taróloga fez o mapa. Então, eu nasci. Aqui dentro existe os anseios, os conflitos e o porquê de toda a raiva que um menino como Joaquim carregou.

HERANÇA
O Dependurado, O Mundo, A Imperatriz, O Diabo, Os Enamorados e O Mundo, novamente. Meu menino, são essas as cartas do seu mapa.

MAPA
E por que se guarda tanta raiva?

GUERREIRO
Há bocas que não podem abrir.

MAPA
Paula Brito dizia a Joaquim que a maior estratégia que ele poderia criar era saber as direções do vento. Praticar o estudo aprofundado de si ao ponto de não se enganar com a definição do civilizador.

HERANÇA
Joaquim, o seu mapa me faz querer te perguntar se você sabe quem é a sua mãe.

GUERREIRO
Maria Leopoldina.

GUERREIRO E MAPA
Mas quando tinha nove anos, ela faleceu.

HERANÇA
Sua mãe agora é você.

MAPA
E para que ele pudesse expressar toda a raiva de uma boca que não podia falar, o caminho estava em criar, por isso que escrevia tanto.

GUERREIRO
Ser sua própria mãe, acolher a si mesmo e honrar a mulher que existe em cada homem.

HERANÇA
Suas cartas são: O Dependurado, O Mundo, A Imperatriz, O Diabo, Os Enamorados e, novamente, O Mundo.

MAPA
O Dependurado é a necessidade de sair da estagnação da dor e da utopia do impossível.

HERANÇA
São essas suas cartas, meu filho.

MAPA
Já a carta do Mundo diz que quando criança o ambiente familiar de Machado de Assis era rígido, focado no status e na manutenção de pequenos poderes.

GUERREIRO
Estas são as cartas.

MAPA
A Imperatriz é a carta que traz uma resposta. Que aconselha Joaquim a criar e amar, com afinco, tudo o que sai dele.

HERANÇA
Ame a sua Herança.

GUERREIRO

Criança, este é o seu mapa

MAPA

"O mundo é meu", diz a carta do Diabo. É preciso, assim, saber as direções do vento, para ter noção de como ir nessa levada.

GUERREIRO

E como eu posso ser leve se estou neste corpo?

MAPA

E por isso, no mapa, temos a carta dos Enamorados. Ela fala sobre escolhas e dualidades. Para uma vitória histórica, o oponente precisa ser parecido como você, Joaquim. A tática é fazer acreditar que o seu corpo não pode flutuar. E sem saber de suas possibilidades, perde.

HERANÇA

O Dependurado, O Mundo, A Imperatriz, O Diabo, Os Enamorados…

MAPA

E O Mundo, novamente. Esse carta se repete, pois, no final de tudo, Joaquim se consagra. Ele marca seu nome na terra do Diabo.

MAPA

"O mundo é meu", diz a carta do Diabo.

MAPA

E depois volta pra casa, ressignificando dores e sendo feliz.

GUERREIRO

Um homem feliz. E preto.

Pausa.

Quebra da atmosfera anterior.

MAPA

O tarô é um oráculo dividido entre arcanos menores e maiores.

MAPA
O arcano número um se chama O MAGO.

GUERREIRO
Joaquim é o primeiro da família em muitas coisas e.

HERANÇA
O vencedor. Do jogo do elástico.

GUERREIRO
Aquela brincadeira que você pula dentro e fora do elástico, fazendo sequências. Conforme vai acertando, a altura do fio de elástico fica mais alta.

HERANÇA
Dois amigos de Joaquim seguravam o elástico enquanto ele pulava dentro e fora dele. Quando você tropeça ou erra a sequência de pulos, para de pular e passa a ser você quem segura o elástico.

GUERREIRO
Mas o elástico ia subindo. Do tornozelo, já estava no joelho, depois na altura das coxas, cintura e Joaquim no ar. Seus amigos ficaram um tempo sem pular.

MAPA
Altos pulos e, no ar, Joaquim pensava:

TODOS
Queria minha mãe. Queria mais.

GUERREIRO
Pá, e ele gravava no chão certinho.

HERENÇA
O que você faz lá em cima, meu filho, bate aqui embaixo.

Silêncio.

MAPA
E tudo começa com uma frase.

GUERREIRO

O Teatro de Machado de Assis não é teatro.

HERANÇA

Alguns homens disseram que essa parte minha era feia, e a história toda confirmou. Só que, depois de um tempo, percebi que o problema não era o teatro, mas quem era Machado de Assis quando ainda escrevia teatro.

MAPA E GUERREIRO

O primeiro da família em muitas coisas, jovem e preto. O Mago Teatral.

HERANÇA

Este é um útero novo. Livrai-o de uma ideia fixa.

MAPA

É hora de nossas crianças se reconhecerem nas primeiras palavras de Joaquim.

HERANÇA

Senão, não haverá útero que aguente.

GUERREIRO
Jovem, preto e que fazia teatro.

MAPA
Joaquim Maria Machado de Assis.

TODOS
A face escura do Brasil.

FIM

Bruna Christine

exerce o ofício da escrita articulada e intuitiva. Mestre em artes cênicas pela Universidade Federal do Estado do Rio de Janeiro, desenvolve alquimias como dramaturga, roteirista, diretora e idealizadora do Grupo Casa 7. Escreveu as peças *Pé de jabuticaba*, *Dança das cadeiras* e trabalhou como diretora assistente em peças de Inez Viana e Renata Mizrahi. Atualmente, desenvolve projetos audiovisuais para Paramount e Disney+.

* * *